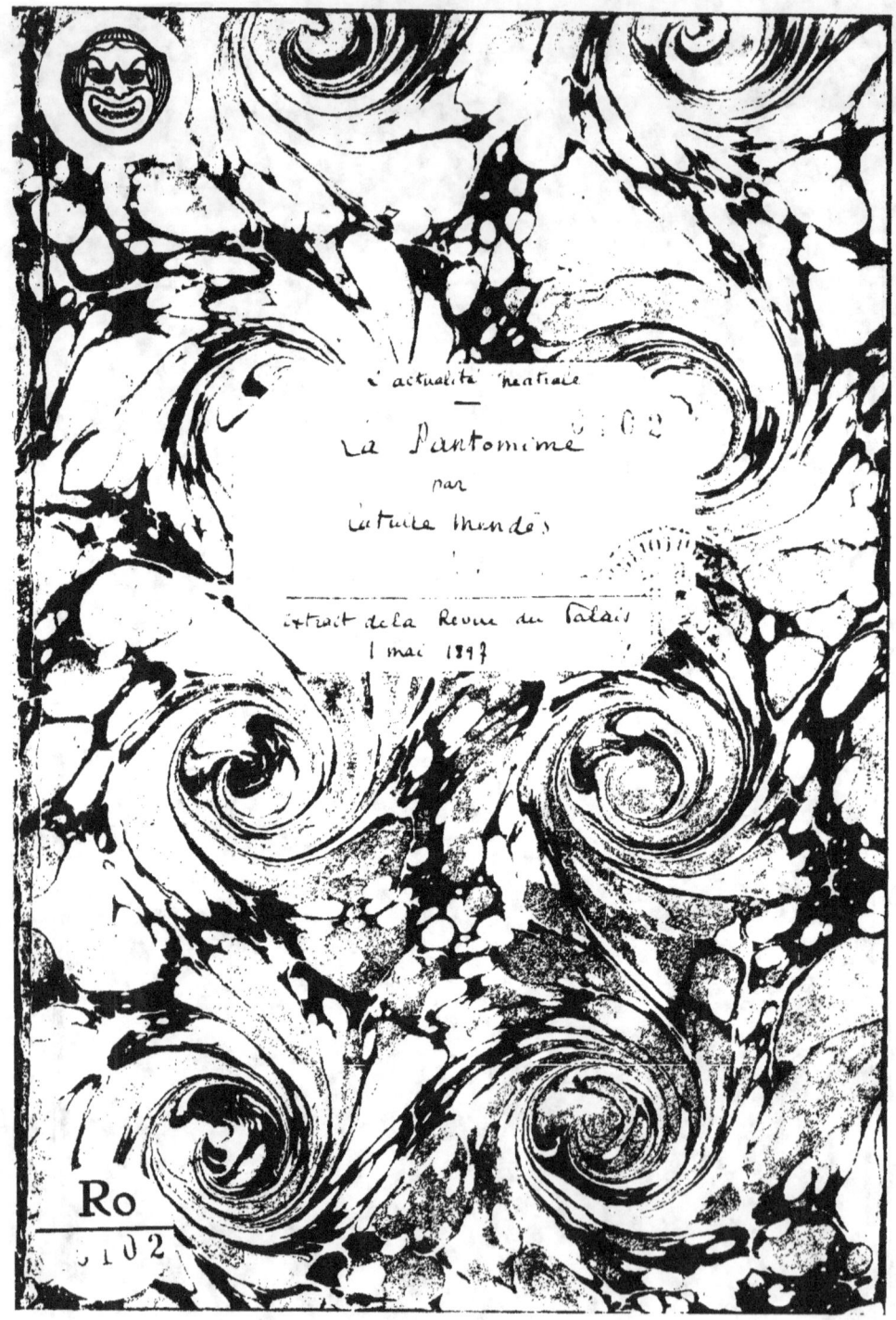

l'actualité théâtrale

La Pantomime

par

Catulle Mendès

extrait de la Revue du Palais
1 mai 1897

Ro
5102

1ᵉ Année     Nᵒ 4     1ᵉ Juin 1897

# La Revue
# du Palais

## SOMMAIRE

2ᵉ VOLUME — 1ʳᵉ LIVRAISON

PARIS

7, RUE DE VILLERSEXEL, 7

1897

# La Revue du Palais

### Paraît le 1ᵉʳ de chaque mois

— ◦◦◦◦◦ —

Les annonces sont reçues chez M. LA FARE, 55, rue de la Chaussée-d'Antin
Téléphone 147-49

# L'ACTUALITÉ THÉATRALE

## LA PANTOMIME

Toujours populaire dans le midi de la France par l'école de l'illustre Rouf, en qui revivaient les Debureau; rénovée à Paris, il y a quelques années, par le succès de Mlle Félicia Mallet; triomphante, cet hiver, à Paris encore, puis dans toute la France, par le prodigieux talent de Séverin, — ce Frédéric Lemaître du drame silencieux; partie, hier, de France, pour l'Angleterre et l'Amérique, sans s'expatrier tout à fait puisque le grand comédien Taillade va mimer demain *Hop-frog*, d'après le conte d'Edgar Poë, la Pantomime appelle l'attention, non seulement de tous les lettrés, mais de tout le public. C'est donc l'heure de parler d'elle; personnellement, j'y suis peut-être autorisé par l'amour que je lui ai toujours porté et le zèle que j'ai employé à la faire revivre. A vrai dire, tout en raffolant d'elle, je ne m'en fais pas de très hautes illusions; je ne pense pas qu'il faille lui accorder une importance démesurée. Je n'ai jamais eu l'outrecuidante visée que la mimique pût s'égaler à la parole, seul truchement direct et total du cœur, de l'âme et de l'esprit. Mais si la pantomime n'est pas un art grandiose et si les poëtes qui s'y adonnent chevauchent un tout petit Pégase, à ras de terre, elle est du moins un art charmant, et le petit Pégase a des ailes de libellule. La pantomime, (comme dans *Chand d'habits*, par exemple), peut se hasarder aux extrêmes épouvantes, — à la condition

de les atténuer, de les nier presque par le funambulesque de
l'ensemble; il ne faut jamais que ce soit tout à fait sérieux;
il faut que la poésie soit chatouillée de drôlerie et la tragédie
bafouée de farce. Il convient en un mot que même en ses plus
extraordinaires ambitions la pantomime ne se croie pas plus
énorme qu'un lazzi de parade, qu'une chanson populaire sans
paroles, qu'un conte par gestes.... Mais si *Peau d'âne* nous
était mimé, nous y prendrions, n'est-ce pas, un plaisir extrême?
Et c'est déjà quelque chose, c'est déjà beaucoup, un art qui
donne du plaisir en y ajoutant, par le silence, le charme du
mystère.

Un homme a publié un énorme in-quarto de 1800 pages,
par deux colonnes, en petit texte, sur la Façon de Sonner
les Cloches; et ce livre colossal, œuvre immense d'érudition
sur la façon de sonner les cloches, commence par cette
phrase : « Généralement, on les sonne mal ». Or, ce que cet
extraordinaire auteur disait de l'art de sonner les cloches, on
peut le dire de la pantomime : généralement, on la joue mal!
et cela tout simplement parce que ceux qui la jouent ne savent
pas du tout ce que c'est. On parlait, ces derniers mois, d'un
cours de mimique sans parole au Conservatoire, dans le but
d'enseigner aux futurs comédiens l'art de faire des gestes.
Fonder ce cours, c'eût été une grande aberration; car, le geste
du comédien ne devant que souligner et renforcir le mot,
tandis que le geste du mime doit tout exprimer à lui tout seul,
ce geste, — celui du mime, — serait, chez le comédien parlant, un pléonasme; et, en un mot, l'erreur généralement ré-
pandue, l'erreur totale, c'est de croire que la pantomime est
une comédie muette. Ah! que non point! la pantomime n'est
pas une comédie muette. On n'y parle pas moins que dans la
comédie parlée; on y parle, voilà tout, d'une autre façon.
Elle est une parole qui ne fait pas de bruit, mais elle est une
parole; elle est un verbe silencieux, mais elle est un verbe,
fait d'attitudes, de gestes, de clignements d'yeux, de frissons
de rides, de frémissements de lèvres. L'imbécillité, — pour
l'interprète, — au point de vue de la vraie pantomime, c'est de
croire qu'il doit éprouver ou penser d'abord en mots pas pro-
férés, en des mots intérieurs, les sensations ou les pensées
qu'il lui faudra exprimer. Non, la possibilité du mot sonore

ne doit jamais être conçue par le véritable mime; il importe
que, dès sa formation en lui, l'idée se révèle, sans la moindre
imagination de l'entremise linguale, par l'immédiate mimique
de tout lui. Le mime parle de tout lui, silencieusement, sans
avoir jamais supposé qu'il pourrait parler autrement; et même
le mouvement de la bouche, représentation périlleuse du bruit
du sens, doit se borner à être, par des mouvements auxquels il
est interdit de rappeler la syllabisation, l'égale, et rien de
plus, du remuement d'un petit doigt, qui sait ce qu'il dit!
En un mot, l'âme, sans transition, surgit tout de suite en
gestes. De là la différence entre Séverin et Mounet-Sully.

Mais, la pantomime telle que je la conçois, — me trompant
peut-être! — où est-elle née, d'où vient-elle? J'étonnerai sans
doute quelques personnes en disant que je ne la crois pas très
ancienne, que je la crois d'origine presque récente et tout à fait
française. D'abord il va sans dire que nous ne savons pas bien
si les spectacles sacrés des pagodes hindoues, si les cérémo-
nies des temples de l'Hellade, si, à Rome, comme naguère à
Athènes, certains intermèdes des grandes pièces étaient ou
non de véritables pantomimes. Les Grecs eurent des mimes,
certes; il y eut Bathyle! mais j'imagine qu'il dansait surtout
et parlait aussi, pour plaire à Anacréon, le rythme de la danse
tendrement achevé en lascive parole; et il y eut Névius à
Rome, il y eut les acteurs à qui le peuple criait, en un singulier enthousiasme, après le dénouement : « Mimæ denudent! »
et même on fit observer méchamment à Caton, sortant
bruyamment du théâtre au moment où les robes allaient
tomber, qu'il n'était venu peut-être que pour faire remarquer
qu'il s'en allait; mais je ne crois pas que les pièces de ces
mimes, où la danse avait tant de part, — vous la retrouverez,
cette danse, dans la moderne pantomime italienne, — fussent
des pièces absolument silencieuses. C'était plutôt quelque
chose comme ce que nous nommerions aujourd'hui, parlant
du Châtelet ou de la Gaîté, des « divertissements mêlés de
chants. » Au surplus cela est si loin! Rapprochons-nous de
l'heure contemporaine. Il se fait dans presque tous les esprits,
une confusion entre la comédie italienne et la pantomime.
Parce qu'il y a, dans la comédie italienne : Colombine, Cas-
sandre, Arlequin, Carlin, Ottavio, Pantalon et parce qu'il y a,

dans notre pantomime, ou les mêmes personnages ou des
personnages leur ressemblant, on est tenté d'une confusion
entre les deux sortes d'art. Or, je pense que, cette confusion,
il ne faut pas la faire. La comédie italienne a toujours parlé,
même en France. Rappelez-vous que, « il signor Mazzarini »
régnant, Carlino parlait ; rappelez-vous la préface des *Plai-
deurs* : Racine faillit donner le principal rôle de sa comédie à
Scaramouche ; et Dominique, Arlequin illustre, parlait ; et
les autres bouffons italiens parlaient comme lui ; même ils
faisaient tant de bruit qu'on leur interdit, ou à peu près, le
langage sonore. Les Comédiens Français, — la Comédie
Française, — soigneux de leur privilège, interdirent plus de
deux personnages parlants aux théâtres des Boulevards. Il n'y
avait pas à dire : pour entendre une scène à trois personnages
il fallait aller chez les comédiens du Roy. Piron, auteur
d'*Arlequin-Deucalion*, — ouvrage si supérieur à la *Métromanie*,
— eut une idée amusante : sous le nez du commissaire chargé
de faire respecter les droits de la comédie officielle, il mit en
scène, sur un perchoir, un perroquet qui, par des phrases
apprises, se mêlait au dialogue, et, de temps en temps, le
perroquet faisait remarquer à Monsieur le Commissaire,
impertinemment, qu'il avait le droit de parler n'étant pas
comédien mais oiseau. Cependant, puisqu'il y avait un perroquet loquace, ce n'était pas encore la pantomime. En outre,
personne n'ignore combien bavardent les honnêtes arlequinades de M. de Florian, point sottes d'ailleurs, et souvent
sincèrement tendres, — ces pièces d'où est issu, non moins
bavard, mais moins loyalement ingénu et avec un ragoût
moderne qui fait penser à un piment rouge oh ! pas trop
rouge ! tombé dans une soupe au lait, tout le théâtre de
M. Octave Feuillet. M. Octave Feuillet, littérairement, est
bien inférieur à M. Scribe. parce que celui-ci, du moins,
écrivait tout à fait mal, tandis que l'autre écrivait presque
bien. C'est épouvantable.

Mais puisque la comédie italienne continuée en arlequinade
française n'était pas du tout la Pantomime, d'où donc est-il
issu, véritablement et en sa totalité, le genre dramatique qui
exprime tout sans rien dire ?

De ce miraculeux génie, de ce prodigieux inventeur, de cet

instinctif grand homme que j'ai déjà nommé : Debureau.
Sans doute, je l'accorde, il hésita d'abord; un artiste qui ne
gagne que 55 francs par mois n'a point le droit ni le pouvoir
de dominer le théâtre où il les gagne. Gaspard Debureau ne
put pas tout d'abord imposer l'instinct de son génie; et ce ne
fut que de féerie en féerie, de pièce chantante en pièce par-
lante, qu'il arriva enfin à imposer le silence universel — à
travers n'importe quelle action.

Et c'est justement parce que la parfaite pantomime, celle
qui ne danse pas comme la tarentelle napolitaine, celle qui ne
cabriole pas comme la clownerie anglaise, est née du seul
Debureau, est française, qu'elle est demeurée si populaire
parmi nous. La souquenille de Pierrot est une espèce de
drapeau national.

Remarquez-le : de jour en jour s'éteignit, puis s'éteint tout
à fait ce qui n'était, dans la vraie pantomime, que le souvenir
de la comédie italienne. Ah! qu'il est plaintif de penser que
les Colombines roses, avec des rubans qui tremblent, et, gros-
sièrement bouffons, les Cassandres toussotant et courbés de
lumbagos, et les Arlequins aux sveltes battes pareilles à de
longues castagnettes, ont disparu. Pourquoi, si tendres, si
farces, si jolis, méritèrent-ils d'être exclus? parce qu'ils étaient
italiens. Seuls, deux types survivent, que nous ne désappren-
drons jamais d'aimer, — Polichinelle et Pierrot, — parce que
ceux-ci sont français, véritablement français, et, par consé-
quent, ne cesseront jamais de correspondre aux intimes
instincts de notre race.

On s'étonne peut-être de cette affirmation : Polichinelle
français. On pense généralement que Polichinelle c'est Pulcinella, pitre italien. L'erreur est absolue. Expliquons-nous. Du
temps que le roi Henri tenait le siège devant Paris, lorsque
celui qui bientôt se nommerait Henri IV jetait par-dessus les
murailles, à Paris affamé, quelques gigots de chevreuil, et
aussi du pain, — ne pas affamer du tout Paris eût été plus
simple que de le nourrir si charitablement, mais si particuliè-
rement, — il arriva que les Parisiens, railleurs du grand nez
de leur futur prince, et observateurs des deux bosses, l'une
en avant, l'autre en arrière, qu'imitait la cuirasse des assail-
lants, imaginèrent, pour rire, — car il faut bien rire quand

on a faim, — un fantoche qui avait ce grand nez, et qui avait
ces deux bosses. La foule le nomma Mignolet, — en souvenir
peut-être de quelque surnom du roi Henri ; et cette chanson
en courut par les rues :

> Je suis le fameux Mignolet
> Général des Espagnolets.

Les Espagnolets, c'étaient les Navarrois, les Basques, presque espagnols. De sorte que la pratique qui grasseye en la
gorge de Polichinelle n'est sans doute pas autre chose qu'une
parodie de l'accent méridional des assiégeants, comme les
deux bosses étaient la ressemblance de leur armure. Celui qui
a le triple talent d'aimer, de boire et de battre, c'est Henri IV ;
mais c'est aussi Mignolet. A Guignol, le montreur de marion-
nettes, qui naguère chantait encore :

> Je suis le fameux Mignolet
> Général des Espagnolets,

ignorait qu'il fredonnait de l'histoire.

Mais, dira-t-on, d'où vient ce nom : Polichinelle, puisqu'il
n'y a aucun rapport entre le type inventé par la gouaillerie
parisienne et le fantoche napolitain de qui la souquenille
blanche ressemble plutôt à celle d' « il signor Tabarini », et qui
est mi-masqué de noir ? La réponse est aisée. Très probablement le nom de Pulcinella, apporté, plus tard, d'Italie, fut ap-
pliqué au personnage parisien. Mais, en réalité, le Polichinelle
français, mystérieusement frère du Punch d'Angleterre et du
Karaguz oriental, n'a rien emprunté, que son nom, à l'Italie,
et, un jour de carnaval, on pourrait le mettre, au Pont-Neuf,
en croupe sur le cheval de bronze !

Mais j'ai hâte d'en venir à Pierrot. Qui est-ce, en effet ? Dès
que ce nom est proféré, il semble que tous les gens qui l'en-
tendent comprennent ce qu'il signifie « Au clair de la lune,
Mon ami Pierrot ! » Et l'on a l'air d'être d'accord. Sur quoi
l'est-on ? je pense qu'on serait fort embarrassé de le dire. En
réalité, Pierrot, l'homme habillé de blanc. et blanc de face et
noir de coiffure, cet être singulier, que tout le monde connaît
sans l'avoir vu jamais, sinon dans les imageries et sur la
scène, qui intéresse les parents d'un vague souvenir de joie
lointaine, qui amuse les enfants d'une espérance de travestis-

sement, et que nous sentons tous, inconsciemment, si proche
de nous-mêmes, qui est-ce donc ? Je crois d'abord pouvoir
affirmer, bien plus sûrement encore qu'à l'égard de Polichinelle, que Pierrot est fils de France. Je sais, je sais, il y eut,
jadis, aux commencements très lointains de Rome, le mime
blanc, Mimus Albus ; moi-même, parodiquement, j'ai dit, en
parlant du grand Séverin :

> Celui-ci, des Pierrots,
> C'est l'aîné, c'est l'aïeul, l'ancêtre, le grand homme,
> Mimus Albus, qui fut cent ans Pierrot de Rome !

Mais sans doute, la blancheur du Mimus Albus était plutôt
celle de l'habit que celle du visage. Mimus Albus, ce Ro-
main, s'est achevé probablement en Pulcinella ; et, au reste,
ceci se passait en des temps très anciens. On sait aussi que,
au xvi° siècle, à Bologne, un poète-saltimbanque, Julio Cesare
Croce, mit à la scène, l'ayant inventé peut-être d'après
d'autres poètes, un fantoche nommé tantôt Pedrolino, tantôt
Piero, tantôt Pierrot (ce sont des livres qui disent cela, je ne
m'explique pas bien, en italien, Pierrot avec un t). L'invrai-
semblance de cette origine, c'est que Pedrolino, quoique
malin, était la vertu même, tandis que notre Pierrot... Non ! il
n'eut pas un tel ancêtre. Revenons en France. Tout de suite
nous remarquons que Molière, qui avait emprunté à Cyrano
de Bergerac l' « épitase » de l'*Avare* et une illustre scène des
*Fourberies de Scapin*, mit dans le *Don Juan* un paysan appelé
Pierrot qui avait déjà paru, si j'ai bonne mémoire, dans *le
Pédant joué*, du même Cyrano de Bergerac. — A ce propos,
disons en passant qu'on ne saurait affirmer, d'une façon défi-
nitive, ce qu'il faut penser de l'emprunt, presque du plagiat
reproché à Molière ; on cite le mot de Molière lui-même : « Je
prends mon bien où je le trouve. » Ce mot n'est-il, comme on
le croit généralement, que l'affirmation d'un génie tyran-
nique, qui ose se vanter de l'usurpation ? Ou bien, comme on
l'a raconté, Cyrano et Jean Poquelin collaborèrent-ils sur les
bancs de l'école ? De sorte que, en disant : « Je prends mon
bien où je le trouve », Molière, peut-être, a tout simplement
entendu dire qu'il usait d'une part, à lui personnelle, d'une
collaboration interrompue ? — Ne nous écartons pas. Le
Pierrot du *Festin de Pierre*, que Molière l'ait inventé ou non,

est vêtu d'une blouse blanche, comme le Colas de Georges Dandin ; et il ne faut pas oublier que Molière, tout au commencement de son existence de comédien errant, bien avant sa gloire, fit jouer ou joua lui-même en province *la Jalousie du Barbouillé*, — d'où se développa *Georges Dandin*. Barbouillé de quoi? de blanc. Ressouvenir sans doute des garçons de moulin qui s'enfarinent la face.

Ainsi Pierrot, dès l'origine, est Français.

Mais, mêlé aux arlequinades il fut bientôt une espèce d'Italien ; longtemps, d'ailleurs, il ne fut qu'un personnage sans importance, et il parlait.

Parce qu'il était blanc comme les lys et les rayons de lune. Watteau en fit Gilles, qui n'est guère autre chose qu'une sœur de Pierrot, en travesti.

Tout de même l'homme à face blanche, à face de meunier, n'était qu'un valet imbécile, paysan, lourdaud, nul, receveur de coups de pied.

Mais un homme de génie a paru, et, — cela est tellement extraordinaire qu'on hésite à le croire, et que même, en étant sûr, on en doute, — conçut ce que pourrait devenir ce fantoche, ancienne ressemblance d'un meunier de la Brie ou de la Beauce, comprit ce que, de lui, on pourrait faire à travers l'humanité.

Oui, l'inventeur de Pierrot, de tout le puéril et stupéfiant idéal qu'il y a dans Pierrot, c'est Debureau lui seul ; et de même que peu à peu il imposa la pantomime où jamais personne ne parlerait, il créa, par l'extension d'un type médiocre, l'extraordinaire Pierrot qui nous étonne encore. D'un bouffon grossier, il fit je ne sais quel être général et simple. Il advint que, peu à peu, par l'étirement jusqu'au désir de tout, de la niaise envie d'un pâté, ou d'un verre de vin, ou d'un bras nu, Pierrot, sans cesser d'être soi-même, se développa jusqu'à la convoitise, jusqu'à la revendication de toutes les jouissances. Remarquez le parallélisme entre le surgissement de plus en plus volontaire du prolétariat moderne et le grandissement de Pierrot rustique et domestique. Pierrot, grâce à Debureau, sans rien renoncer des puériles bassesses initiales, fut l'instinct triomphant qui veut sa part de tout ; et, la première soirée où à force de génie, Debureau-Pierrot l'emporta, dans l'enthou-

siasme du public, sur les cacochymes **Cassandres** avares et
sur les **Léandres** gentilshommes, et sur tout ce qui était le
vieux régime de la pantomime naguère classique, ce fut la
révolution aux Funambules.

Pierrot, ingénu et convoiteur, c'est comme un enfant avec
toutes les forces viriles; il est l'ingénuité des Sept Péchés
Capitaux; il est tout le désir sans aucune conscience, et il est
capable de tout sans y songer. Pierrot, c'est le peuple.

De sorte que nous avons eu tort, nous, poètes, oui, nous
avons eu tort, nos maîtres et nous, — parce que Pierrot
est gracieux, blanc comme le cygne de Léda, parce que
Pierrot est pâle de la pâleur mélancolique de la lune, — d'en
faire peu à peu un guitariste éléginque qui donne des aubades
aux fenêtres closes d'une amie, un poète épris des rêves, la
ressemblance des rêveurs qui s'accoudent aux rebords de la
lucarne des mansardes pour voir passer, dans la fuite des
nuées, des ressemblances exquises d'idéal! et Pierrot lui-
même, un jour, se fâcha d'être si souvent comparé à la blême
Séléné.

### Pierrot fâché à cause de la lune.

Bien qu'il ait l'âme sans rancune,
Pierrot dit en serrant le poing :
« Mais, sacrebleu ! je n'ai nul point
De ressemblance avec la lune !

O faux Sosie aérien !
Mon nez s'effile, elle est camuse ;
Elle a l'air triste, je m'amuse
De tout, un peu, beaucoup, de rien.

On la dit pâle? Allons donc ! jaune !
Moi seul suis blanc comme les miss.
Elle est chaste autant qu'Artémis,
Je le suis aussi, comme un Faune.

N'importe ! Dès qu'elle a penché
Son front : « Bonsoir, Pierrot céleste ! »
Dit l'un; un autre dit : « Ah ! peste !
Pierrot, ce soir, a l'œil poché. »

Et si, ronde, elle plane au faîte
D'un cyprès par le vent tordu :
« Regardez donc Pierrot pendu !
Mais on ne lui voit que la tête. »

Je me révolte enfin ! Je suis
Moi ! non pas la lune. Moi, dis-je,
Et c'est assez. Par quel prodige
Serais-je astre, même en un puits ?

Et pour fuir ceux — Dieu les confonde ! —
Qui m'ont, Lune, à toi comparé,
Dès patron-minette j'irai
Vers la solitude profonde. »

Il dit. L'aube n'avait pas lui
Qu'il s'exila d'un pas agile
Avec un bichon nommé Gille,
Chien de Pierrot, blanc comme lui.

Aux vallons déserts qu'un désastre
Combla de rocs et de sapins
Et que l'ombre des monts alpins
Surplombe d'une nuit sans astre,

Nul ne dirait : « Tiens, Séléné ! »
A sa blanche et ronde figure.
Mais Gille, en la vallée obscure,
Hurla trois fois, l'air consterné.

« Qu'est-ce, Gillot ? Dans l'herbe brune
Quelque épine au nez te blessa ? »
Dit Pierrot. Ce n'était pas ça.
Son chien le prenait pour la lune !

Oui, les poètes ont eu tort, — déçus par la même neige lunaire, — de transformer en le poétique, subtil, et pervers aussi Gille de Watteau, le Pierrot populaire, le vrai Pierrot, ancien garçon de moulin qui se moque absolument des rimes, et qui, ingénument et brutalement, étant un puéril instinct servi par de viriles forces, ignorant des complexités de l'âme raffinée, se rue sans préméditations, puis sans remords, sans science et sans conscience, vers toutes les satisfactions, fût-ce par le crime, et, faisant tinter entre ses mains rouges, peut-être de sang, la bourse qu'il vola, se réjouit de la bonne aubaine avec la mine drôle d'un chat qui a lappé du lait ! Ou bien, il se couchera, après le meurtre, dans le lit de celle qu'il fit veuve — parce qu'il le fallait bien, pour passer — et l'y caressera, avec d'enfantines mains assassines pas plus inquiètes que si elles avaient écrasé des fraises ! Car il est l'instinct qui veut, et ne sait pas.

Tel est le Pierrot que, selon Deburau et Rouf, réalise la

pantomime moderne, restaurée par Séverin. Et il n'y a qu'un
point sur lequel il se montre irréconciliable avec toute con-
cession humaine, c'est sa blancheur. Il est ancestralement
blanc ; il ne saurait concevoir l'idée qu'il serait autrement. Il
accepterait plutôt de parler que de ne pas être blanc. Il y a des
Pierrots qui ont accepté de se travestir, de porter des habits
noirs ou des uniformes. Debureau même commit cette faute.
Ce sont des monstres! La fatalité de la souquenille blanche
est sur Pierrot comme l'inévitable destin de la blancheur sur
les cygnes et sur la neige. Il est né avec ses vêtements de
neige; sans eux, il serait un cygne plumé! et par lui, par lui
seul, palpite sur le silence des âmes et plane mystérieusement, oiseau sans rature, la pantomime aux ailes blanches.

                                              CATULLE MENDÈS.

www.ingramcontent.com/pod-product-compliance
Lightning Source LLC
Chambersburg PA
CBHW030132230526
45469CB00005B/1929